하나님이 내 마음에 새겨주신 명령

십계명

KIWY 청소년성경공부 학생용

하나님이 내 마음에 새겨주신 명령

십계명

좋은씨앗

키위 청소년 성경공부 시즌 투 ❸ 사회생활(학생용)
십계명 _하나님이 내 마음에 새겨주신 명령

1판 1쇄 발행_ 2012년 11월 12일
1판 5쇄 발행_ 2024년 5월 10일

지은이_ 이재욱
일러스트_ 오정희
펴낸이_ 신은철
펴낸곳_ 좋은씨앗
출판등록_ 제4-385호(1999.12.21)
주소_ 서울시 서초구 바우뫼로 156, 양재동 MJ빌딩 402호
주문전화_ 02-2057-3041 주문팩스_ 02-2057-3042
페이스북_ facebook.com/goodseedbook
ISBN 978-89-5874-196-1 04230
ISBN 978-89-5874-161-9 (세트)

신앙 인격이 형성되는 청소년기는 체계적인 성경 교육이 무엇보다 중요한 시기입니다. 그러나 안타깝게도 현장의 공과 교육은 그야말로 말라죽기 직전의 상황처럼 보입니다. 어떤 특정한 프로그램이나 교재가 이러한 상황을 한 번에 뒤집어놓을 수 있다고 여기는 것은 대단히 어리석은 일일 것입니다. 신앙 교육의 근간은 하나님의 은혜 안에 견고하게 뿌리내린 교육자들입니다. 그래서 하나님께서 교회에 사도와 선지자, 복음 전하는 자, 목사와 교사를 주셨다고 성경은 말합니다(엡 4:11). 그러므로 청소년 목회자와 교사들의 부단한 인내와 인고의 열정이 이 땅의 청소년들을 다시 일으키는 가장 중요한 밑거름이 될 것입니다.

교재는 그들이 손에 쥔 도구입니다. 도구는 얼마나 크고 화려하며 강한 것이냐가 아니라 손에 얼마나 알맞은 것이냐가 중요합니다. 다윗의 손에 잘 맞는 돌멩이 하나가 골리앗을 쓰러뜨리기에 수많은 칼이나 창보다 적합했듯이 말입니다. 〈*KIWY* 청소년 성경공부〉 시리즈는 책상이 아니라 현장에서 나온 교재입니다. 어떻게 하면 하나님의 귀한 말씀을 아이들에게 잘 먹일 수 있을지 오랜 시간 고민한 현장 사역자들의 수고가 담긴 교재입니다. 오랜 시간 동안 장인의 손으로 매만진 도구입니다.

이 교재를 집어든 현장 동역자들이 손에 딱 맞는, 그래서 내 몸의 일부처럼 움직일 수 있는 편안한 도구를 만나는 반가움을 경험할 수 있다면, 저희 집필진들에게 더할 나위 없는 기쁨이 될 것입니다. 부디 여러분과 이 돌멩이가 함께 난공불락처럼 보이는 신앙교육에 대한 여러 도전들을 격파하는 귀한 하나님의 도구가 되기를 간절히 기도합니다.

_ 이재욱 목사

KIWY 청소년 성경공부 목표

- 청소년을 전인적 그리스도인으로 교육하고자 합니다.
- 공과만 충실하게 해도 학습, 세례, 입교 교육이 충분히 될 만큼 교리적, 실천적으로 균형 있는 신앙관을 제공합니다.
- 보다 쉽고 친근하게 주제에 다가갈 수 있도록 구성했습니다.
- 부족한 시간과 시설 때문에 고민하는 현장 교사들의 상황을 고려하며 대안을 제시합니다.

KIWY 청소년 성경공부 구성

본 교재는 교리탐구, 경건생활, 사회생활, 인물탐구 네 분야를 1년 48주에 걸쳐 3년 동안 교육하도록 구성되어 있습니다. 각 권은 12주 과정입니다. 선택적으로 사용할 수 있는 특별과정 교재 1권이 따로 제공됩니다.

- **교리탐구** - 그리스도인이라면 반드시 숙지해야 할 기본교리를 살펴보며 하나님과 나에 대해 알아갑니다.
- **경건생활** - 그리스도인으로서 추구해야 할 경건을 배우고 익히며 실천하도록 독려합니다.
- **사회생활** - 청소년 그리스도인들이 세상에서 부딪히는, 또 앞으로 부딪힐 필수적인 실천 주제들에 대해 성경적인 관점을 확고하게 정립합니다.
- **인물탐구** - 성경의 주요 인물을 성경의 큰 흐름에 따라 살펴보며 하나님이 어떻게 각 사람의 인생에 개입해 큰 그림을 만들어가시는지 배웁니다.
- **특별과정** - 개 교회의 주요 행사 및 절기에 맞는 공과 진행을 돕습니다.

* 자세한 커리큘럼은 www.gsbooks.org를 참고해주세요!

하나! 공과 교재가 쉽다
공과 반은 다양한 수준의 학생들이 모여 있으므로 공과는 누구나 쉽게 접근할 수 있는 것이어야 합니다. 학생 수준에 따른 심화 교육은 리더훈련이나 제자훈련 같은 별도의 양육과정에서 하는 것이 바람직합니다.

둘! 길거나 복잡하지 않다
현장의 공과 환경은 공과를 오래 끌기에 무리가 많습니다. 적어도 30분 안에 끝낼 수 있도록 교재를 쉽고 단순하게 구성했고, 성경 본문을 별도로 찾을 필요가 없도록 문제와 함께 제시합니다.

셋! 다양한 주제들을 다룬다
쉽고 단순해도 청소년 시기에 분명히 다루어야 할 주제들을 교리탐구, 경건생활, 사회생활, 인물탐구 분야별로 풍성하게 다룹니다.

넷! 말씀 중심이다
분명한 말씀 전달 없이 주제 하나 놓고 어영부영 자기 생각만 나누다가 공과를 끝내서는 안 됩니다. 말씀만큼은 주입식 교육이 확실하게 이루어져야 합니다. 믿음은 '들음'에서 오지 '토론'에서 오지 않습니다.

다섯! 주제가 명료하다
귀납식 탐구 학습은 그 나름대로 장점이 있으나 현장의 제한된 환경에서 시행하기에는 다소 무리가 있습니다. 본 교재는 본문에서 얻는 교훈을 단순화해 적어도 한 가지 주제만은 분명하게 기억하도록 돕습니다

여섯! 구체적인 실천 과제를 제시한다
공과가 생활 속 실천으로 이어지도록 구체적인 과제를 제시하고, 이를 통해 교사가 학생들을 주중에 심방하도록 구성했습니다.

일곱! 시선을 사로잡는다
한 눈에 들어오고 청소년들의 취향에 적합한 디자인이 되도록 노력했고, 학습 의욕을 북돋는 삽화와 만화를 도입부에 수록했습니다.

C.O.N.T.E.N.T.S

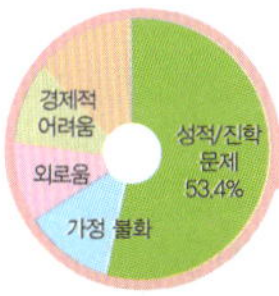
경제적
어려움
성적/진학
문제
53.4%
외로움
가정 불화

session 01

십계명이 뭐지?

여호와께서 그의 언약을 너희에게 반포하시고 너희에게 지키라
명령하셨으니 곧 십계명이며 두 돌판에 친히 쓰신 것이라(신 4:13).

OPEN MIND 오픈마인드

가장 좋아하는 스포츠나 예술 혹은 학문과 그 분야를 대표한다고 생각되는 인물은? 그렇게 생각하는 이유도 말해보세요.

OPEN BIBLE 오픈바이블

1. 십계명은 하나님이 우리에게 주신 모든 명령의 대표주자라고 할 수 있습니다. 그 이유는 무엇입니까?(신 9:9-10)

신명기 9:9-10 [9] 그때에 내가 돌판들 곧 여호와께서 너희와 세우신 언약의 돌판들을 받으려고 산에 올라가서 사십 주 사십 야를 산에 머물며 떡도 먹지 아니하고 물도 마시지 아니하였더니 [10] 여호와께서 두 돌판을 내게 주셨나니 그 돌판의 글은 하나님이 손으로 기록하신 것이요 너희의 총회 날에 여호와께서 산상 불 가운데서 너희에게 이르신 모든 말씀이니라.

2. 하나님의 계명에 대해 성경은 우리에게 어떤 태도를 요구합니까?

1) 하나님의 계명을 날마다 ____________(시 1:1-2).

시편 1:1-2 [1] 복 있는 사람은 악인의 꾀를 좇지 아니하며 죄인의 길에 서지 아니하며 오만한 자의 자리에 앉지 아니하고 [2] 오직 여호와의 율법을 즐거워하여 그 율법을 주야로 묵상하는 자로다.

2) 하나님의 계명을 ________________(레 22:31).

레위기 22:31 너희는 내 계명을 지키며 행하라 나는 여호와이니라.

3. 하나님의 계명을 지키는 자는 어떤 복을 받습니까?(출 20:6, 마 5:19)

출애굽기 20:6 나를 사랑하고 내 계명을 지키는 자에게는 천 대까지 은혜를 베푸느니라.

마태복음 5:19 그러므로 누구든지 이 계명 중의 지극히 작은 것 하나라도 버리고 또 그같이 사람을 가르치는 자는 천국에서 지극히 작다 일컬음을 받을 것이요 누구든지 이를 행하며 가르치는 자는 천국에서 크다 일컬음을 받으리라.

핵심만 콕콕!

나는 하나님의 모든 계명을
소중히 묵상하며, 특별히 십계명을
암송하여 항상 그대로 살기 위해
힘쓰는 그리스도인이 된다.

OPEN LIFE 오픈라이프

나눔 하나님이 주신 말씀을 묵상하고 그대로 살기 위해 힘쓰고 있나요? 말씀을 묵상하거나 실천하고자 할 때 어떤 어려움이 있는지 얘기해보세요.

실천 십계명이 적힌 성경 본문을 함께 읽고 한 주 동안 묵상하며 외워봅시다.

출애굽기 20:1-17 1 하나님이 이 모든 말씀으로 말씀하여 이르시되 2 나는 너를 애굽 땅, 종 되었
던 집에서 인도하여낸 네 하나님 여호와니라 3 너는 나 외에는 다른 신들을 네게 두지 말라 4 너
를 위하여 새긴 우상을 만들지 말고 또 위로 하늘에 있는 것이나 아래로 땅에 있는 것이나 땅
아래 물 속에 있는 것의 어떤 형상도 만들지 말며 5 그것들에게 절하지 말며 그것들을 섬기지 말
라 나 네 하나님 여호와는 질투하는 하나님인즉 나를 미워하는 자의 죄를 갚되 아버지로부터 아
들에게로 삼사 대까지 이르게 하거니와 6 나를 사랑하고 내 계명을 지키는 자에게는 천 대까지
은혜를 베푸느니라 7 너는 네 하나님 여호와의 이름을 망령되게 부르지 말라 여호와는 그의 이름
을 망령되게 부르는 자를 죄 없다 하지 아니하리라 8 안식일을 기억하여 거룩하게 지키라 9 엿새
동안은 힘써 네 모든 일을 행할 것이나 10 일곱째 날은 네 하나님 여호와의 안식일인즉 너나 네
아들이나 네 딸이나 네 남종이나 네 여종이나 네 가축이나 네 문안에 머무는 객이라도 아무 일
도 하지 말라 11 이는 엿새 동안에 나 여호와가 하늘과 땅과 바다와 그 가운데 모든 것을 만들고
일곱째 날에 쉬었음이라 그러므로 나 여호와가 안식일을 복되게 하여 그날을 거룩하게 하였느
니라 12 네 부모를 공경하라 그리하면 네 하나님 여호와가 네게 준 땅에서 네 생명이 길리라 13 살
인하지 말라 14 간음하지 말라 15 도둑질하지 말라 16 네 이웃에 대하여 거짓 증거하지 말라 17 네 이
웃의 집을 탐내지 말라 네 이웃의 아내나 그의 남종이나 그의 여종이나 그의 소나 그의 나귀나
무릇 네 이웃의 소유를 탐내지 말라.

하나님의 말씀을 사랑하고, 말씀 가운데서 하나님이 명하시는 것에 기쁜 마음으로 순종할 수 있는 사녀가 되게 해주세요.

session 02

1계명 : 다른 신을 섬기지 말라

너는 나 외에는 다른 신들을 네게 두지 말라(출 20:3).

OPEN MIND 오픈마인드

Who's Who?

제우스(그리스) 비너스(그리스) 시바(인도)

아누비스(이집트) 용왕(한국) 염라대왕(한국)

하나님 외에 아는 신(神)들의 이름을 하나씩 대보고 그 신들에 대해 아는 대로 얘기해보세요.

1. 우리가 섬길 유일한 신은 누구입니까?(사 44:6, 딤전 6:15)

이사야 44:6 이스라엘의 왕인 여호와, 이스라엘의 구원자인 만군의 여호와가 이같이 말하노라 나는 처음이요 나는 마지막이라 나 외에 다른 신이 없느니라.

디모데전서 6:15 기약이 이르면 하나님이 그의 나타나심을 보이시리니 하나님은 복 되시고 유일하신 주권자이시며 만왕의 왕이시며 만주의 주시요.

2. 다른 신은 무엇이며 어떻게 생겨나게 되었습니까?(대상 16:26, 렘 2:28)

역대상 16:26 만국의 모든 신은 헛것이나 여호와께서는 하늘을 지으셨도다.

예레미야 2:28 너를 위하여 네가 만든 네 신들이 어디 있느냐 그들이 네가 환난을 당할 때에 구원할 수 있으면 일어날 것이니라 유다여 너의 신들이 너의 성읍 수와 같도다.

3. 제1계명은 우리에게 어떻게 살라고 명령합니까?(시 5:7, 신 6:25)

시편 5:7 오직 나는 주의 풍성한 사랑을 힘입어 주의 집에 들어가 주를 경외함으로 성전을 향하여 예배하리이다.

신명기 6:25 우리가 그 명령하신 대로 이 모든 명령을 우리 하나님 여호와 앞에서 삼가 지키면 그것이 곧 우리의 의로움이니라 할지니라.

핵심만 콕콕!

나는 세상을 지으신 창조주,
유일신인 여호와 하나님만 경배하며
그분의 말씀에 순종한다.

OPEN LIFE 오픈라이프

나눔 내 삶 속에 하나님보다 더 소중히 여기고 앞세우는 것이 있는지 돌아보세요. 언제, 어떤 상황에서 그렇게 되기 쉬운가요?

실천 삶 속에서 하나님을 가장 높이기 위해 내가 가장 먼저 개선하고 실천해야 할 일은 무엇인지 적고 한 주 동안 실천에 옮겨보세요.

하나님, 하나님만이 유일한 창조주이고 제가 섬겨야 할 참 신임을 날마다 고백할 수 있게 해주세요. 제 마음속에 하나님보다 더 소중하게 여기는 것이 없게 해주세요.

session 03

2계명 : 우상을 만들지 말라

너를 위하여 새긴 우상을 만들지 말고 또 위로 하늘에 있는 것이나 아래로 땅에 있는 것이나 땅 아래 물 속에 있는 것의 어떤 형상도 만들지 말며 그것들에게 절하지 말며 그것들을 섬기지 말라(출 20:4-5).

OPEN MIND 오픈마인드

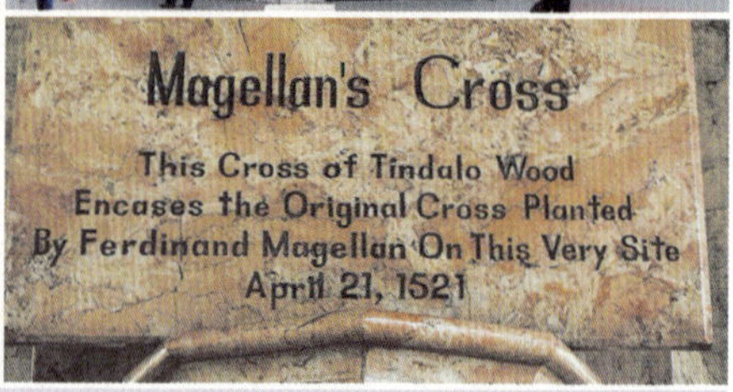

† 필리핀의 세부라는 지역에는 세계 최초로 세계일주를 한 마젤란이 세웠다고 전해지는 나무 십자가가 있습니다. 1521년 필리핀 최초로 추장 라자 후마본과 그 일족 800명이 기독교로 개종하고 세례 받은 것을 기념하기 위해 만들었다고 합니다. 이 나무 십자가를 보호하기 위해 1834년에 팔각정이 건립되었습니다. 천장에 그려진 벽화에는 당시의 세례 의식 광경이 잘 나타나 있습니다. 이 십자가는 지금 단단한 나무로 덮개를 해놓았습니다. 그 이유는 십자가를 조금씩 떼어가는 사람이 끊이지 않았기 때문이라는데요. 현지인들은 이 십자가를 영험하게 여겨서 십자가를 조금 떼어 달여 마시면 병이 낫는다는 믿음이 있다고 합니다.

십자가에 대한 현지인들의 믿음을 어떻게 생각하나요?

1. 이집트를 탈출한 이스라엘은 모세가 시내 산에 올라간 사이 우상을 만들어서 섬기고 맙니다. 이스라엘 백성이 만든 것은 어떤 신의 우상이었습니까? 또 어떤 모양이었습니까?(출 32:4-6)

출애굽기 32:4-6 [4] 아론이 그들의 손에서 금 고리를 받아 부어서 조각칼로 새겨 송아지 형상을 만드니 그들이 말하되 이스라엘아 이는 너희를 애굽 땅에서 인도하여낸 너희의 신이로다 하는지라 [5] 아론이 보고 그 앞에 제단을 쌓고 이에 아론이 공포하여 이르되 내일은 여호와의 절일이니라 하니 [6] 이튿날에 그들이 일찍이 일어나 번제를 드리며 화목제를 드리고 백성이 앉아서 먹고 마시며 일어나서 뛰놀더라.

2. 이런 이스라엘 백성에게 하나님은 뭐라고 말씀하십니까?(출 32:7-10)

출애굽기 32:7-10 [7] 여호와께서 모세에게 이르시되 너는 내려가라 네가 애굽 땅에서 인도하여낸 네 백성이 부패하였도다 [8] 그들이 내가 그들에게 명령한 길을 속히 떠나 자기를 위하여 송아지를 부어 만들고 그것을 예배하며 그것에게 제물을 드리며 말하기를 이스라엘아 이는 너희를 애굽 땅에서 인도하여 낸 너희 신이라 하였도다 [9] 여호와께서 또 모세에게 이르시되 내가 이 백성을 보니 목이 뻣뻣한 백성이로다 [10] 그런즉 내가 하는 대로 두라 내가 그들에게 진노하여 그들을 진멸하고 너를 큰 나라가 되게 하리라.

3. 결국 제2계명을 통해 하나님이 우리에게 요구하시는 것은 무엇입니까? 빈 칸을 채워보세요(행 17:24-25).

사도행전 17:24-25 24 우주와 그 가운데 있는 만유를 지으신 신께서는 천지의 주재시니 손으로 지은 전에 계시지 아니하시고 25 또 무엇이 부족한 것처럼 사람의 손으로 섬김을 받으시는 것이 아니니 이는 만민에게 생명과 호흡과 만물을 친히 주시는 자이심이라.

"하나님을 _______ 뜻에 맞추려 하지 말고,
너를 하나님의 ______에 맞춰라"

핵심만 콕콕!

나는 내 욕심에 따라 하나님을
우상처럼 섬기지 않고, 오직 전능하신
창조주로 인정하며 그 뜻에 순종한다.

OPEN LIFE 오픈라이프

나눔 기도하는 중에 자신도 모르게 하나님을 조종하거나 이용하려고 했던 적은 없었는지 얘기해보세요.

실천 하나님 편에서 그분의 마음을 기쁘게 해드릴 만한 일에 무엇이 있는지 생각해보세요. 그중에서 내가 할 수 있는 일을 골라서 한 주 동안 실천에 옮겨보세요.

하나님, 하고 싶은 말이나 필요한 것을 소리 높여 구하기 전에 하나님이 제게 뭐라고 말씀하시는지 귀 기울이고 순종할 수 있도록 도와주세요. 제 마음 중심에 언제나 주님이 계시길 원합니다.

session 04

3계명 : 하나님 이름을 더럽히지 말라

너는 네 하나님 여호와의 이름을 망령되게 부르지 말라 여호와는 그의 이름을 망령되게 부르는 자를 죄 없다 하지 아니하리라(출 20:7).

OPEN MIND 오픈마인드

다른 사람이 나를 어떤 태도로 대할 때 가장 화가 나나요?

1. 하나님의 이름 앞에서 우리가 취해야 할 합당한 태도는 무엇입니까?(시 29:2)

시편 29:2 여호와께 그의 이름에 합당한 영광을 돌리며 거룩한 옷을 입고 여호와께 예배할지어다.

2. 하나님의 이름을 더럽히지 말라는 말은 구체적으로 어떤 행동을 금지하는 것입니까?

1) 맹세하고 약속할 때(레 19:12)

레위기 19:12 너희는 내 이름으로 거짓 맹세함으로 네 하나님의 이름을 욕되게 하지 말라 나는 여호와이니라.

2) 예배드리고 생활할 때(겔 14:11, 22:26)

에스겔 14:11 이는 이스라엘 족속이 다시는 미혹되어 나를 떠나지 아니하게 하며 다시는 모든 죄로 스스로 더럽히지 아니하게 하여 그들을 내 백성으로 삼고 나는 그들의 하나님이 되려 함이라 주 여호와의 말씀이니라.

에스겔 22:26 그 제사장들은 내 율법을 범하였으며 나의 성물을 더럽혔으며 거룩함과 속된 것을 구별하지 아니하였으며 부정함과 정한 것을 사람이 구별하게 하지 아니하였으며 그의 눈을 가리어 나의 안식일을 보지 아니하였으므로 내가 그들 가운데에서 더럽힘을 받았느니라.

핵심만 콕콕!

나는 하나님의 이름을 더럽히지
않기 위해 하나님 보시기에 합당하게
예배하고 생활하도록 힘쓴다.

OPEN LIFE 오픈라이프

나눔 지금까지 하나님에 대한 나의 태도를 한 마디로 요약해보세요. 그렇게 표현한 이유는 무엇인가요?

예 : 무관심, 절실함, 의리인, 어쩌다 한번, 심심풀이, 귀차니즘, 부담감 등

실천 하나님을 대하는 나의 태도 중에서 가장 먼저 고쳐야 할 점은 무엇인가요? 나의 태도를 개선하기 위한 방안을 생각해보고 한 주 동안 실천에 옮겨봅시다.

개선해야 할 태도	어떻게?

하나님의 자녀답게 바르게 예배하고 살아가기 원합니다. 평소 저의 말과 행동에서 그리스도의 향기가 배어나 하나님의 이름에 영광 돌릴 수 있도록 도와주세요.

session 05

넷째 계명 : 안식일을 거룩하게 지키라

안식일을 기억하여 거룩하게 지키라(출 20:8).

OPEN MIND 오픈마인드

생일, 입학식, 졸업식, 기념일 등 지금까지 살아오면서 내게 가장 특별했던 날은 언제였나요?

1. 안식일이란 무엇입니까?(창 2:3)

창세기 2:3 하나님이 그 일곱째 날을 복되게 하사 거룩하게 하셨으니 이는 하나님이 그 창조하시며 만드시던 모든 일을 마치시고 그날에 안식하셨음이니라.

2. 안식일은 어떻게 거룩하게 지킵니까?(레 23:3, 사 66:23)

레위기 23:3 엿새 동안은 일할 것이요 일곱째 날은 쉴 안식일이니 성회의 날이라 너희는 아무 일도 하지 말라 이는 너희가 거주하는 각처에서 지킬 여호와의 안식일이니라.

이사야 66:23 여호와가 말하노라 매월 초하루와 매 안식일에 모든 혈육이 내 앞에 나아와 예배하리라.

3. 안식일을 지킨다는 것은 우리 삶에 어떤 의미입니까?(사 43:1, 롬 14:8)

이사야 43:1 야곱아 너를 창조하신 여호와께서 지금 말씀하시느니라 이스라엘아 너를 지으신 이가 말씀하시느니라 너는 두려워하지 말라 내가 너를 구속하였고 내가 너를 지명하여 불렀나니 너는 내 것이라.

로마서 14:8 우리가 살아도 주를 위하여 살고 죽어도 주를 위하여 죽나니 그러므로 사나 죽으나 우리가 주의 것이로다.

핵심만 콕콕!

나는 안식일을 기억하고 거룩하게 지킴으로써
하나님이 창조주이며 나의 주인이라는
사실을 온전하게 고백한다.

OPEN LIFE 오픈라이프

나눔 매주 주일 예배를 잘 드리고 있나요? 잘 드린다면 혹은 드리지 못한다면 그 이유는 무엇인가요?

실천 주일을 잘 지키기 위해 내가 극복해야 할 가장 큰 장애물은 무엇인가요? 나는 무엇을 하나님께 맡겨야 할까요?

주님이 허락하신 안식을 온전히 누리며 온 세상의 창조주이자 제 삶의 주인이신 하나님께 감사와 찬양을 드리기 원합니다.

session 06

5계명 : 네 부모를 공경하라

네 부모를 공경하라 그리하면 네 하나님 여호와가
네게 준 땅에서 네 생명이 길리라(출 20:12).

OPEN MIND 오픈마인드

엄마, 아빠는 내게 ______________________이다.

OPEN BIBLE 오픈바이블

1. 십계명은 자녀가 부모에게 마땅히 어떤 태도를 가져야 한다고 말합니까?(엡 6:1-3)

에베소서 6:1-3 [1] 자녀들아 주 안에서 너희 부모에게 순종하라 이것이 옳으니라 [2] 네 아버지와 어머니를 공경하라 이것은 약속이 있는 첫 계명이니 [3] 이로써 네가 잘되고 땅에서 장수하리라.

2. 부모의 권위는 어디로부터 온 것입니까?(롬 13:1)

로마서 13:1 각 사람은 위에 있는 권세들에게 복종하라 권세는 하나님으로부터 나지 않음이 없나니 모든 권세는 다 하나님께서 정하신 바라.

3. 제5계명은 넓은 의미에서 인간 사이의 질서에 대한 명령입니다. 모든 인간관계에 있어 우리는 기본적으로 어떤 태도를 가져야 합니까?(엡 5:21)

에베소서 5:21 그리스도를 경외함으로 피차 복종하라.

핵심만 콕콕!

나는 부모님을 공경하며 순종할 뿐 아니라
하나님이 주신 모든 권위 앞에서
겸손한 태도를 갖기에 힘쓴다.

OPEN LIFE 오픈라이프

나눔 부모님과 사이가 어떤 편인가요? 관계에 있어 힘든 부분이 있다면 얘기해보세요.

실천 부모님에게 사랑과 공경을 표현하기 위해 이번 주에 할 수 있는 일을 적고 실천에 옮겨보세요.

하나님이 제게 주신 부모님을 공경하고, 모든 인간관계에 있어 사랑과 존중을 실천하는 자녀가 되게 해주세요.

session 07

6계명 : 살인하지 말라

살인하지 말라(출 20:13).

OPEN MIND 오픈마인드

청소년이 자살을 생각하는 이유

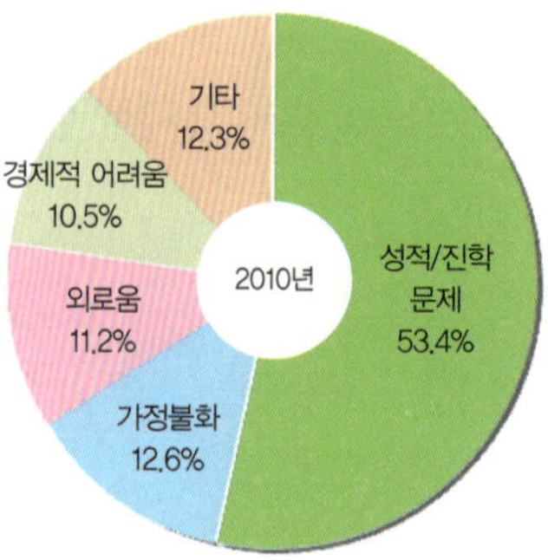

청소년 자살 사망자

10대의 사망 원인

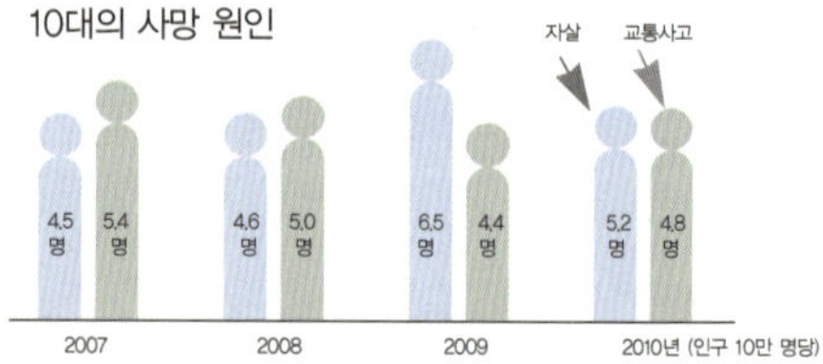

대한민국 청소년의 사망 원인 1위가 자살로 밝혀져 충격을 주고 있다. 통계청에 따르면 2010년 한 해 동안 발생한 15-19세 청소년 자살자는 292명이었다. 10대들의 사망 원인은 2008년까지는 교통사고가 1위였지만, 2009년부터 자살이 1위로 바뀌었다. 10대 청소년이 자살이라는 극단적인 충동에 빠지는 이유는 성적/진학문제가 53.4%로 가장 높았고, 가정불화와 외로움, 경제적 어려움이 그 뒤를 이었다. 청소년상담 전문가들은 "청소년이 자살을 선택하는 데는 복합적인 원인이 조금씩 영향을 미쳐 결과적으로 극단적인 선택으로 이어지는 경우가 많으므로 혼자 문제를 안고 있기보다는 주변 사람들과 소통하는 것이 중요하다"고 조언한다. 〈출처 : 통계청〉

이런 통계 자료나 뉴스를 보면 어떤 생각이 드나요?

OPEN BIBLE 오픈바이블

1. "살인하지 말라"는 계명이 금지하는 것은 무엇입니까?

1) 타인의 생명에 대하여(민 35:31, 창 9:6)

민수기 35:31 고의로 살인죄를 범한 살인자는 생명의 속전을 받지 말고 반드시 죽일 것이며,

창세기 9:6 다른 사람의 피를 흘리면 그 사람의 피도 흘릴 것이니 이는 하나님이 자기 형상대로 사람을 지으셨음이니라.

2) 자기 생명에 대하여(행 16:28-29)

사도행전 16:28-29 [28] 간수가 자다가 깨어 옥문들이 열린 것을 보고 죄수들이 도망한 줄 생각하고 칼을 빼어 자결하려 하거늘 [29] 바울이 크게 소리 질러 이르되 네 몸을 상하지 말라 우리가 다 여기 있노라 하니,

3) 미움에 대하여(요일 3:15)

요한일서 3:15 그 형제를 미워하는 자마다 살인하는 자니 살인하는 자마다 영생이 그 속에 거하지 아니하는 것을 너희가 아는 바라.

2. "살인하지 말라"는 계명을 적극으로 실천하는 사람이 가져야 할 태도는 무엇입니까?(요 15:13, 약 5:20)

요한복음 15:13 사람이 친구를 위하여 자기 목숨을 버리면 이보다 더 큰 사랑이 없나니.

야고보서 5:20 너희가 알 것은 죄인을 미혹된 길에서 돌아서게 하는 자가 그의 영혼을 사망에서 구원할 것이며 허다한 죄를 덮을 것임이라.

핵심만 콕콕!

나는 생명을 소중하게 여기며,
생명을 지키기 위해 사랑을 나누고
복음을 전하는 일에 힘쓴다.

OPEN LIFE 오픈라이프

나눔 마음속으로 정말 미워했거나 현재 미워하고 있는 친구가 있나요? 그런 마음을 어떻게 극복하고 다스릴지 얘기를 나눠보세요.

실천 요즘 들어 부쩍 힘들어 하는 친구가 주변에 없는지 주의 깊게 돌이보세요. 있다면 그 친구를 위해 무슨 일을 할 수 있을지 생각하고 그것을 실천에 옮겨봅시다.

내 친구 ____________

내가 해줄 수 있는 일

우리 생명의 주인이 우리 각자가 아니라 하나님임을 알았습니다. 제 자신뿐만 아니라 다른 사람의 생명을 소중히 여기고 지키기 위해 사랑을 나누고 전도하는 데 힘쓸 수 있게 도와주세요.

session 08

7계명 : 간음하지 말라

간음하지 말라(출 20:14)

OPEN MIND 오픈마인드

내가 생각하는 결혼은 어떤 것인지 생각나는 대로 얘기해보세요.

1. "간음하지 말라"는 계명이 금지하는 행위는 무엇입니까?

1) __________으로 맺어지지 않은 남녀가 성적 관계를 갖는 것(레 20:10, 신 22:20-21)

레위기 20:10 누구든지 남의 아내와 간음하는 자 곧 그의 이웃의 아내와 간음하는 자는 그 간부와 음부를 반드시 죽일지니라.

신명기 22:20-21 [20] 그 일이 참되어 그 처녀에게 처녀의 표적이 없거든 [21] 그 처녀를 그의 아버지 집 문에서 끌어내고 그 성읍 사람들이 그를 돌로 쳐 죽일지니 이는 그가 그의 아버지 집에서 창기의 행동을 하여 이스라엘 중에서 악을 행하였음이라 너는 이와 같이 하여 너희 가운데서 악을 제할지니라.

2) __________ (레 18:22, 롬 1:27)

레위기 18:22 너는 여자와 동침함 같이 남자와 동침하지 말라 이는 가증한 일이니라.

로마서 1:27 그와 같이 남자들도 순리대로 여자 쓰기를 버리고 서로 향하여 음욕이 불일듯 하매 남자가 남자와 더불어 부끄러운 일을 행하여 그들의 그릇됨에 상당한 보응을 그들 자신이 받았느니라.

3) 음란한   과 행동(마 5:28)

마태복음 5:28 나는 너희에게 이르노니 음욕을 품고 여자를 보는 자마다 마음에 이미 간음하였느니라.

2. 결국 간음하지 말라는 계명을 통해 하나님이 우리에게 원하시는 뜻은 무엇입니까?(히 13:4, 고전 6:18-20)

히브리서 13:4 모든 사람은 결혼을 귀히 여기고 침소를 더럽히지 않게 하라 음행하는 자들과 간음하는 자들을 하나님이 심판하시리라.

고린도전서 6:18-20
18 음행을 피하라 사람이 범하는 죄마다 몸 밖에 있거니와 음행하는 자는 자
기 몸에 죄를 범하느니라 19 너희 몸은 너희가 하나님께로부터 받은바 너희 가운데 계신 성령의
전인 줄을 알지 못하느냐 너희는 너희 자신의 것이 아니라 20 값으로 산 것이 되었으니 그런즉
너희 몸으로 하나님께 영광을 돌리라.

핵심만 콕콕!

나는 결혼을 귀하게 여기며,
나의 몸이 거룩한 성전인 것을 믿고,
음란한 마음과 생각으로부터 스스로를
정결하게 지키기 위해 힘쓴다.

OPEN LIFE 오픈라이프

나눔 요즈음은 너무도 손쉽게 음란한 사진이나 영상을 접할 수 있습니다. 그런 음란물을 접했을 때의 느낌을 솔직하게 나눠보세요.

실천 청소년들이 비교적 쉽게 음란영상물을 접할 수 있는 매체가 바로 인터넷, 미디어입니다. 우리가 이런 매체에 끌려다니는 종이 되지 않고 바르게 사용하는 주인이 되기 위해 결심하고 실천할 수 있는 일들을 생각해봅시다.

예 : PC나 노트북에 "하나님과 내가 함께 보는 컴퓨터"라는 스티커 붙이기, 컴퓨터 거실로 옮기기, 밤 10시 이후에는 아예 켜지 않기, 꼭 필요할 때만 켜기, 목적 없이 웹서핑하지 않기, PC방 출입 자제하기 등.

하나님, 음란한 세상 문화 속에서 하나님 자녀로서 몸과 마음을 깨끗하게 지킬 수 있도록 붙들어주세요. 눈과 귀의 유혹에 넘어가지 않게 도와주세요.

남자는 남자를, 여자는 여자를?

Q. 요즈음 드라마나 영화에서 동성애에 대한 내용을 많이 보게 되는데요. 조금 이상하긴 하지만, 그것도 각자의 취향이 아닌가 생각이 돼요. 남에게 피해를 주는 것도 아니고요. 또 선천적으로 그렇게 태어나기 때문에 어쩔 수 없기도 하잖아요. 그런데 교회에서는 너무 죄라고 하니까 오히려 왠지 고리타분하게 느껴지고 반발심이 들기도 해요. 정말 동성애는 무조건 죄인가요?

A. 네, 일단 결론부터 말하자면, 동성애는 절대로 타협할 수 없이 분명한 '죄' 예요. 구약의 율법(레 18:22, 20:13)에서 엄격히 금하는 것은 물론이거니와 신약에서도 마찬가지예요(롬 1장, 고전 6:9, 딤전 1:10). 특별히 로마서 1장을 보면 하나님을 거역하는 인간의 타락 중에서도 대표적인 죄악으로 동성애가 언급되고 있어요.

동성애는 남에게 피해를 주지 않는 취향이라는 말로 합리화할 수 없어요. 자살도 엄밀히 말해 남에게 피해를 주지 않는다고 볼 수 있어요. 그러면 허용해도 될까요? 마약도 자신만 즐기고 남에게 피해를 주지 않는다면 허용해도 될까요? 배우자가 눈감아주기만 하면 외도해도 괜찮은 건가요?

동성애 성향을 타고 났다는 주장도 그래요. 동성애 성

향이 정말 타고나는 것인가에 대해 논란의 여지가 많지만, 설령 선천적이라 해도 이를 합리화할 수는 없어요. 성경 말씀을 보면 인간은 기본적으로 '죄'를 타고 났어요. 그래서 누가 가르쳐주지 않아도 거짓말하고, 남을 미워하고, 비방하기도 해요. 심지어 살인하고자 하는 마음도 우리 마음 한켠에는 분명히 있어요. 그래서 우리는 예수님이 필요하고, 예수님을 통해 죄 사함을 받고 나서도 계속 우리 마음의 죄와 싸우는 것이잖아요.

어떤 사람은 동성애가 '죄'가 아니라 일종의 '병'이라고 하기도 해요. 그런데 그런 논리라면 모든 '죄'가 다 병이 될 수 있어요. 상대적 박탈감, 외로움, 상처, 복수심 때문에 그렇게 할 수밖에 없었던 마음의 병 말이에요. 그렇다면 예수님이 그냥 치료하면 되지 자신의 생명을 대가로 치르실 필요는 전혀 없었겠죠?

이처럼 동성애가 분명한 '죄'인 것은 맞지만 우리가 분명히 알아야 할 것이 있어요. 이성애자들도 온갖 음란의 죄를 짓는다는 것과 동성애가 그런 죄보다 특별히 더 나쁜 죄는 아니라는 거예요. 그러므로 자신도 음란한 동영상을 보고, 온갖 음란한 상상을 하고, 기회만 된다면 음란한 행동을 하면서 동성애자들에게만 잔인한 정죄의 손가락질을 하는 것은 위선적인 일이에요. 동성애자들 또한 '나 같은 죄인'인 거예요.

그러기에 그들을 사랑하고, 그 상태에서 벗어나도록 돕기 위해 함께 고민하고, 기도하는 것, 그것이 성숙한 그리스도인들이 할 일이에요. ■

session 09

8계명 : 도둑질하지 말라

도둑질하지 말라(출 20:15).

OPEN MIND 오픈마인드

길에서 우연히 10만 원을 주웠습니다. 이런 상황에서 나라면 어떻게 할 것 같은지 솔직하게 얘기해보세요.

1. 성경은 우리가 재물을 얻을 수 있는 두 가지 합법적인 방법을 정해 주었습니다. 어떻게 얻는 것이 정당한 재물입니까?

1) ____________으로 얻은 재물(시 128:2)

시편 128:2 네가 네 손이 수고한 대로 먹을 것이라 네가 복되고 형통하리로다.

2) 정당한 법과 절차에 따라 ________ 재물(신 19:14, 빌 4:18)

신명기 19:14 네 하나님 여호와께서 네게 주어 차지하게 하시는 땅 곧 네 소유가 된 기업의 땅에서 조상이 정한 네 이웃의 경계표를 옮기지 말지니라.

빌립보서 4:18 내게는 모든 것이 있고 또 풍부한지라 에바브로디도 편에 너희가 준 것을 받으므로 내가 풍족하니 이는 받으실 만한 향기로운 제물이요 하나님을 기쁘시게 한 것이라.

2. "도둑질하지 말라"는 계명은 넓은 의미에서 우리에게 어떤 돈을 경계하라고 말하는 것입니까?(잠 21:6, 눅 19:45-46, 엡 4:28)

잠언 21:6 속이는 말로 재물을 모으는 것은 죽음을 구하는 것이라 곧 불려 다니는 안개니라.

누가복음 19:45-46 [45] 성전에 들어가사 장사하는 자들을 내쫓으시며 [46] 그들에게 이르시되 기록된바 내 집은 기도하는 집이 되리라 하였거늘 너희는 강도의 소굴을 만들었도다 하시니라.

에베소서 4:28 도둑질하는 자는 다시 도둑질하지 말고 돌이켜 가난한 자에게 구제할 수 있도록 자기 손으로 수고하여 선한 일을 하라.

핵심만 콕콕!

나는 정당하지 않은 재물이나 이익을
구하지 않으며, 얻은 소득을
선한 일에 지혜롭게 쓰기 위해 힘쓴다.

OPEN LIFE 오픈라이프

나눔 노력하지 않고 대가만 바란 적이 있나요? 그 결과는 어땠나요?

실천 한 주간 내가 힘써서 이룰 수 있는 목표를 한 번 적어봅시다. 그리고 최선을 다해 노력해봅시다.

예 : 성경 10장 읽기, 영어 문제집 한 단원 풀기, 줄넘기 300번 하기 등

하나님, 부당한 방법으로 얻은 이익은 제 것이 아님을 알았습니다. 주님 앞에서 정직하게 행하며 정당하게 노력해서 얻은 대가에 감사하는 자녀가 되게 해주세요.

session 10

9계명 : 거짓 증거하지 말라

네 이웃에 대하여 거짓 증거하지 말라(출 20:16).

OPEN MIND 오픈마인드

자신이 직접 했거나 들었던 거짓말 중에서 가장 기억에 남는 것은?

1. 거짓 증거란 무엇을 말하는 것입니까?(출 23:1, 시 5:6)

출애굽기 23:1 너는 거짓된 풍설을 퍼뜨리지 말며 악인과 연합하여 위증하는 증인이 되지 말며.

시편 5:6 거짓말하는 자들을 멸망시키시리이다 여호와께서는 피 흘리기를 즐기는 자와 속이는 자를 싫어하시나이다.

2. 성경에는 선한 거짓말도 등장합니다. 어떤 경우입니까?(수 2:3-4, 히 11:31)

여호수아 2:3-4 [3] **여리고 왕이 라합에게 사람을 보내어 이르되 네게로 와서 네 집에 들어간 그** 사람들을 끌어내라 그들은 이 온 땅을 정탐하러 왔느니라 [4] 그 여인이 그 두 사람을 이미 숨긴지라 이르되 과연 그 사람들이 내게 왔었으나 그들이 어디에서 왔는지 나는 알지 못하였고,

히브리서 11:31 믿음으로 기생 라합은 정탐꾼을 평안히 영접하였으므로 순종하지 아니한 자와 함께 멸망하지 아니하였도다.

3. 거짓 증거하지 말하는 명령의 참뜻은 무엇입니까?(요삼 1:3, 요 8:44)

요한삼서 1:3 형제들이 와서 네게 있는 진리를 증언하되 네가 진리 안에서 행한다 하니 내가 심히 기뻐하노라.

요한복음 8:44 너희는 너희 아비 마귀에게서 났으니 너희 아비의 욕심대로 너희도 행하고자 하느니라 그는 처음부터 살인한 자요 진리가 그 속에 없으므로 진리에 서지 못하고 거짓을 말할 때마다 제 것으로 말하나니 이는 그가 거짓말쟁이요 거짓의 아비가 되었음이라.

핵심만 콕콕!

나는 언제나 진리의 편,
곧 정의로운 하나님의 편에
서서 말하고 행동하기에 힘쓴다.

OPEN LIFE 오픈라이프

나눔 어떤 상황에서 진실을 말하기 어렵거나 침묵으로 거짓말을 대신하게 되기 쉬운지 얘기를 나눠보세요.

실천 책상 앞이나, 방문 앞 등 가장 잘 보이는 곳에 "하나님 편에 서자" 또는 "진실하게 살자"는 문장을 써서 붙여놓습니다. 한 주 동안 날마다 그 문장을 보고 결심한 대로 살기를 힘쓰고, 정말 그렇게 살았는지 다음주에 얘기를 나눠봅시다.

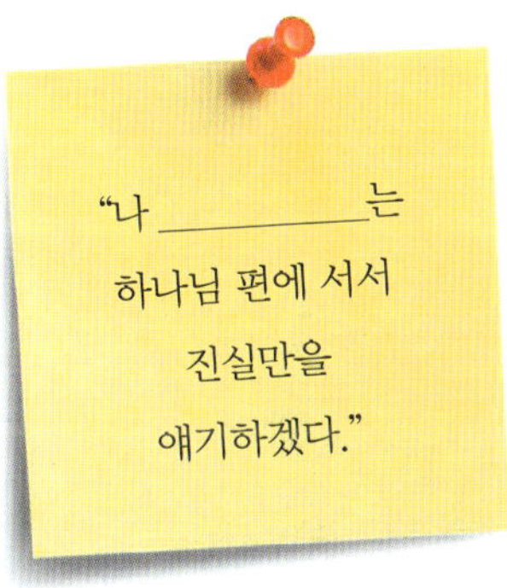

하나님의 자녀로서 어떤 상황에 처하든 하나님 편에 서서 정직하고 당당하게 진실만을 말할 수 있도록 도와주세요.

session 11

10계명 : 네 이웃의 집을 탐내지 말라

네 이웃의 집을 탐내지 말라 네 이웃의 아내나 그의 남종이나 그의 여종이나
그의 소나 그의 나귀나 무릇 네 이웃의 소유를 탐내지 말라(출 20:17).

OPEN MIND 오픈마인드

뒤에 서 있는 두 친구는 왜 이런 말을 했을까요?

1. 이웃의 것을 탐내는 마음이란 어떤 마음을 의미합니까?(겔 22:12, 잠 28:25, 창 26:14)

에스겔 22:12 네 가운데에 피를 흘리려고 뇌물을 받는 자도 있었으며 네가 변돈과 이자를 받았으며 이익을 탐하여 이웃을 속여 빼앗았으며 나를 잊어버렸도다 주 여호와의 말씀이니라.

잠언 28:25 욕심이 많은 자는 다툼을 일으키나 여호와를 의지하는 자는 풍족하게 되느니라.

창세기 26:14 양과 소가 떼를 이루고 종이 심히 많으므로 블레셋 사람이 그를 시기하여.

2. 이웃의 것을 탐내지 않기 위해 우리가 가져야 할 마음은 무엇입니까?(히 13:5, 합 3:17-18, 시 97:12)

히브리서 13:5 돈을 사랑하지 말고 있는 바를 족한 줄로 알라 그가 친히 말씀하시기를 내가 결코 너희를 버리지 아니하고 너희를 떠나지 아니하리라 하셨느니라.

하박국 3:17-18 [17] 비록 무화과나무가 무성하지 못하며 포도나무에 열매가 없으며 감람나무에 소출이 없으며 밭에 먹을 것이 없으며 우리에 양이 없으며 외양간에 소가 없을지라도 [18] 나는 여호와로 말미암아 즐거워하며 나의 구원의 하나님으로 말미암아 기뻐하리로다.

시편 97:12 의인이여 너희는 여호와로 말미암아 기뻐하며 그의 거룩한 이름에 감사할지어다.

3. 결국 제10계명이 우리에게 명령하는 것은 무엇입니까?(고전 10:24, 롬 12:15)

고린도전서 10:24 누구든지 자기의 유익을 구하지 말고 남의 유익을 구하라.

로마서 12:15 즐거워하는 자들과 함께 즐거워하고 우는 자들과 함께 울라.

핵심만 콕콕!

나는 이웃의 것을 탐하거나 시기하지 않고,
감사와 만족함으로 이웃을 섬기고
더불어 살기 위해 힘쓴다.

OPEN LIFE 오픈라이프

나눔 다른 사람이 부러워서 견딜 수 없었던 적이 있나요?

실천 내가 가진 것에 만족하고 감사하는 마음을 담아 '감사 리스트'를 만들어봅시다. 그리고 내가 가진 것을 사용해 다른 사람을 도울 수 있는 일을 찾고 실천에 옮겨보세요.

예 : 시간에 여유가 있어서 감사해요. – 자원봉사하기

용돈이 넉넉한 편이라서 감사해요. – 불우이웃에게 후원금 보내기

좋은 성적이 나와서 감사해요. – 친구 공부 도와주기

유머감각을 타고나서(?) 감사해요. – 우울해하는 친구 웃게 해주기

하나님, 제가 누리고 있는 많은 것들에 감사합니다. 제게 없는 것에 대해 불평하기보다 제게 있는 것들을 사용해 다른 사람들을 섬길 수 있도록 도와주세요.

session 12

하나님이 주신 가장 큰 계명

OPEN MIND 오픈마인드

지금까지의 내 인생을 딱 한 줄로 요약한다면?

1. 지금까지 십계명을 살펴보았습니다. 결국 십계명은 어떻게 요약할 수 있습니까?(막 12:29-31)

마가복음 12:29–31 [29] 예수께서 대답하시되 첫째는 이것이니 이스라엘아 들으라 주 곧 우리 하나님은 유일한 주시라 [30] 네 마음을 다하고 목숨을 다하고 뜻을 다하고 힘을 다하여 주 너의 하나님을 사랑하라 하신 것이요 [31] 둘째는 이것이니 네 이웃을 네 자신과 같이 사랑하라 하신 것이라 이보다 더 큰 계명이 없느니라.

2. 하나님을 모르면 진정으로 이웃을 사랑할 수 없습니다. 그 이유는 무엇입니까?(요일 4:16, 고전 13:3)

요한일서 4:16 하나님이 우리를 사랑하시는 사랑을 우리가 알고 믿었노니 하나님은 사랑이시라 사랑 안에 거하는 자는 하나님 안에 거하고 하나님도 그의 안에 거하시느니라.

고린도전서 13:3 내가 내게 있는 모든 것으로 구제하고 또 내 몸을 불사르게 내줄지라도 사랑이 없으면 내게 아무 유익이 없느니라.

3. 어떤 사람은 믿음은 참 좋은 것 같은데 이웃을 그리 사랑하는 것 같지는 않습니다. 이런 사람을 성경은 뭐라고 말합니까?(요일 4:20)

요한일서 4:20 누구든지 하나님을 사랑하노라 하고 그 형제를 미워하면 이는 거짓말하는 자니 보는 바 그 형제를 사랑하지 아니하는 자는 보지 못하는바 하나님을 사랑할 수 없느니라.

핵심만 콕콕!

나는 십계명을 따라 목숨을 다하고,
뜻을 다하고, 힘을 다하여 하나님을 사랑하고,
이웃을 내 몸과 같이 사랑하기 위해 힘쓴다.

OPEN LIFE 오픈라이프

나눔 지금까지 십계명을 배우며 느낀 점을 자유롭게 나눠보세요.

실천 내 인생에서 앞으로 일주일만 남아 있다면 하나님 앞에서, 또 이웃을 위해 어떤 일을 하고 싶나요? 그 일을 통해 내가 사람들에게 어떻게 기억될지 생각하며 내 묘비에 쓰일 문구를 만들어봅시다.

예 : 1) 일주일 동안 만나는 모든 사람들을 미소와 친절로 대하겠다.

묘비명 – "세상에서 가장 아름다운 미소로 사람들에게 행복을 선물한 ○○○"

2) 동생 몰래 가져갔던 스마트폰을 돌려줘야겠다.

묘비명 – "스마트폰보다 동생을 사랑한 ○○○"

하나님이 허락하신 제 인생의 시간을 소중히 여기며 가치 있게 쓸 수 있기 원합니다. 하나님을 사랑하고 그 사랑으로 이웃을 섬기며 살 수 있게 도와주세요.

알쏭달쏭 가로세로 낱말풀이

가로 문제

1. 음식의 맛을 알맞게 맞추는 데 쓰는 재료. '양념'이라고도 한다.
2. 버스를 타기 위해 요금을 카드에 미리 일정 금액 채워놓는 것을 줄여서 부르는 말. 삼엽충 같은 애들이랑 친구 절대 아님.
4. 이웃의 것을 탐내지 않기 위해 우리가 가져야 할 마음. 감사함과 이것이 필요하죠. 53쪽 2번 문제의 답이기도 합니다.
5. 1993년 5월 16일이 생일인 여자 가수. "나는요 오빠가 좋은 걸 어떡해."

(아이유~ 좋아라!!)

7. 구약시대에 실수로 사람을 죽인 사람은 이곳으로 피하여 생명을 지켰다.
10. 드라마나 영화에 출연한 배우의 어색한 연기를 발에 빗대어 하는 말.
11. 세계 최초로 세계일주를 한 마젤란이 세웠다고 전해지는 나무 십자가가 있는 곳. 지금은 휴양지로 유명한 필리핀의 한 지역.
13. 모세의 아내이자 미디안 제사장 이드로의 딸. 출애굽기 2장에 등장한다.
14. 어떤 잘못이나 실수에 대해 이런저런 구실을 대는 것.
16. 이집트를 탈출한 이스라엘이 모세가 시내 산에 올라간 사이에 만든 우상의 모양은 이것이었습니다. 19쪽 1번 문제의 답입니다요.

세로 문제

1. 아일랜드 출신의 유명한 극작가이며 자신의 묘비에 "우물쭈물 살다 내 이럴 줄 알았지"라는 글을 남김. 56쪽 그림에서 턱수염 제일 긴 할아버지.
3. 하나님의 은혜가 ○○하다. 성령○○.
5. 창세기에 나오는 이스라엘 민족의 조상, 믿음의 조상.
6. 두 사람이 맨손으로 맞잡고 상대편이 공격해오는 힘을 이용하여 던져 넘어뜨리거나 조르거나 눌러 승부를 겨루는 운동.
8. 로마서 1장 27절에서 금하고 있는 죄. 42-43쪽에서 얘기하고 있는 그것.

9. 메인 뉴스가 끝나고 마지막으로 나오는 뉴스. "내일은 비가 올 것으로 예측됩니다."
12. 이스라엘 백성들이 우상을 만든 것을 보고 하나님은 백성들이 ○○했다고 말씀하셨다(10쪽 2번 문제의 답 중 하나).
13. 하나님이 주신 모든 계명의 대표주자.
15. 부쳤던 우편물이 부득이한 사정으로 다시 돌아오는 것.
17. '얻은 소득을 선한 일에 ○○롭게 쓰기 위해 힘쓴다.' 9과 '핵심만 콕콕'에 나오는 말. 잠언에서 가장 강조하는 덕목.

MEMO

다세연 www.daseyeon.org

다음세대를 섬기는 사람들의 연대(이하 다.세.연)는 다음세대가 하나님께서 주신 은사와 재능을 가지고 하나님의 부르심에 응답하며 행복한 삶을 살 수 있도록 섬기는 사람들의 연대 기구다.

2005년 결성된 이후로 서울 강남 지역의 중고등학교 캠퍼스 사역에 집중해오던 다.세.연.은 하나님의 섬세한 계획 가운데 김용재 목사(前 NECTAR 대표 간사, 前 소망교회 청소년 팀장), 김정윤 목사(사랑의교회 청소년부서 디렉터), 김종설 목사(영동교회 청소년 팀장), 이재욱 목사를 비롯한 여러 청소년 사역 현장 전문가들이 한뜻을 모으게 되면서 사역의 방향을 새롭게 전환하고 제2의 창립을 시도하게 되었다.

이제 다.세.연.은 특정지역과 대상에 국한되어 있는 사역의 한계를 넘어 전국 각지의 청소년 사역자, 교회 그리고 사역단체들과 힘을 합하여 상대적으로 소외된 지역의 청소년 사역이 건강하게 이루어질 수 있도록 섬기고자 작은 발걸음을 내딛고 있다.

■ 주 집필

이재욱 목사

서울 대방중앙교회 담임, 유스코스타(Youth KOSTA) 강사, 다.세.연. 멘토, 「수련회 카운터펀치를 날리다」(BIM), 「중고등부, 2년 안에 성장할 수 있다」, 「교사를 다시 일으켜 세우는 5가지 힘」, 「부족해도 괜찮아」(이하 좋은씨앗) 저자. cteen@hanmail.net

■ 객원 집필

김용철 목사

서울 신당중앙교회 중고등교육팀

문근식 목사

용인 성서교회 청소년부, 「어? 되네! 청소년 전도」(좋은씨앗) 저자

박건용 목사

서울 대방중앙교회 교육 디렉터, 전 조코재미 PD, BIM 멀티미디어 팀장

이영표 목사

인천 수봉산교회 중등부, 전 서대문교회 교육디렉터